A Coruña
Spain

City Map

A Coruña, Spain — City Map
By Jason Patrick Bates

First Edition: October 2017

Scale ╱ 1:4000

50m

500ft

Map Overview

Map Symbols

▬▬	Highway	9	Map continuation page
▬▬	Street	····	Path
♚	Archaeological site	▤	Kiosk
⚲	Artwork	✕	Level crossing
⊡	Atm	📖	Library
▼	Bar	♛	Lighthouse
⚞	Bicycle rental	▤	Memorial
🍺	Biergarten	▤	Memorial plaque
⊕	Buddhist temple	▮	Monument
🚌	Bus station	🏛	Museum
🚏	Bus stop	☾★	Muslim mosque
☕	Cafe	▦	Neighbourhood
⛺	Camping site	♫	Nightclub
🚗	Car rental	P	Parking
◉	Cave entrance	▲	Peak
⌂	Chalet	💊	Pharmacy
⟨⟩	Charging station	⯍	Picnic site
†	Church / Monastery	🛝	Playground
⊞	Cinema	🚴	Police
⚖	Courthouse	✉	Post office
🏧	Department store	🏢	Prison
🐾	Dog park	🍺	Pub
⛲	Drinking water	🚉	Railway
⬛	Dry cleaning	🍴	Restaurant
▣	Elevator	🏮	Shinto temple
⚑	Embassy	⯐	Sikh temple
⬤	Fast food	🏃	Sports centre
⚓	Ferry terminal	🛒	Supermarket
⚶	Fire station	☯	Taoist temple
⛲	Fountain	🚕	Taxi
⛽	Fuel	✎	Telephone
🏌	Golf course	🎭	Theatre
🏠	Guest house	🚻	Toilets
ॐ	Hindu temple	⛪	Townhall
⊕	Hospital	🚦	Traffic signals
⊟	Hostel	☼	Viewpoint
⊨	Hotel	🏊	Water park
i	Information	⛺	Wilderness hut
✡	Jewish synagogue	✗	Windmill

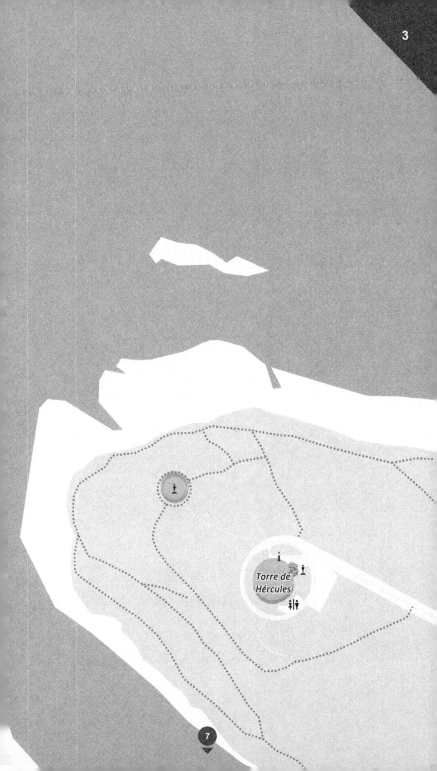

Torre de
Hércules

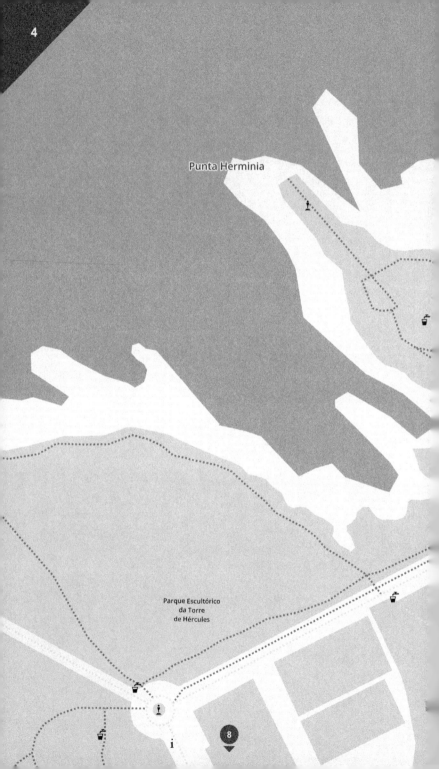

Parque Escultórico
da Torre
de Hércules

8

Praza do Galatea

9

Casa das
Palabras

Praia dos

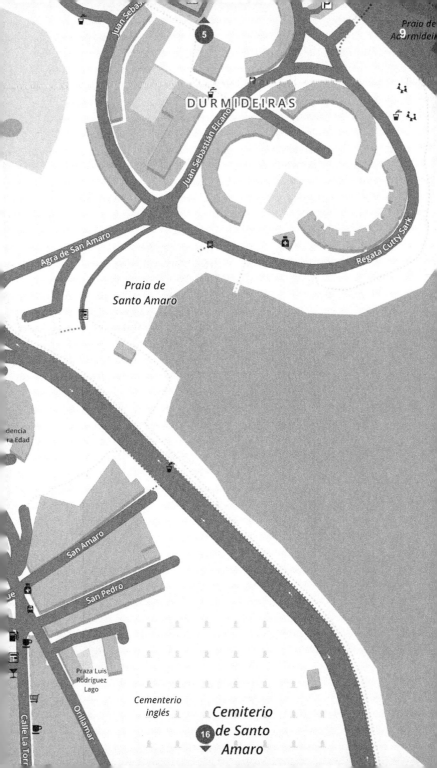

San Pedro

Museo Mirador
Cúpula Atlántica

Rúa

LOS ROSALES

Praza Elíptica

Rúa Emilio González López

Rúa Alcalde Suárez Ferrín

Biblioteca
Municipal
Os Rosales

Rúa Emilio González López

Avenida Fernando Suárez García

Skateplaza
A Coruña

ón Bolívar

Rúa Manuel Azaña

Rúa Alfonso Rodríguez Castelao

Avenida Gerardo Porto

Calle María Luz Morales

Rúa da Roda

Metal

Maestro Anta

Rúa da Canteira

Ultramar

Rúa do Hostal

Rúa José Seoane Rama

Rúa da Espiga

Ronda de Outeiro

Tomás Fábregas

Rúa do Pino

Avenida de Labañou

Avenida de Labañou

aña

Avenida de Laba

Ronda de Outeiro

Paraguay

Rúa Alcalde Abad Conde

Rúa Honduras

Rúa Torrente Ballester

Praza Torrente
Ballester

ortes

le
le
es

LABAÑOU - SAN ROQUE

Rúa Ecuador

Rúa Colombia

Avenida de Gran Canaria

Rúa Mister Arc

Grupo Vivendas Virxe do Carme

patio del
edificio número

Rúa Venezuela

Rúa P

19

Ror

Rúa

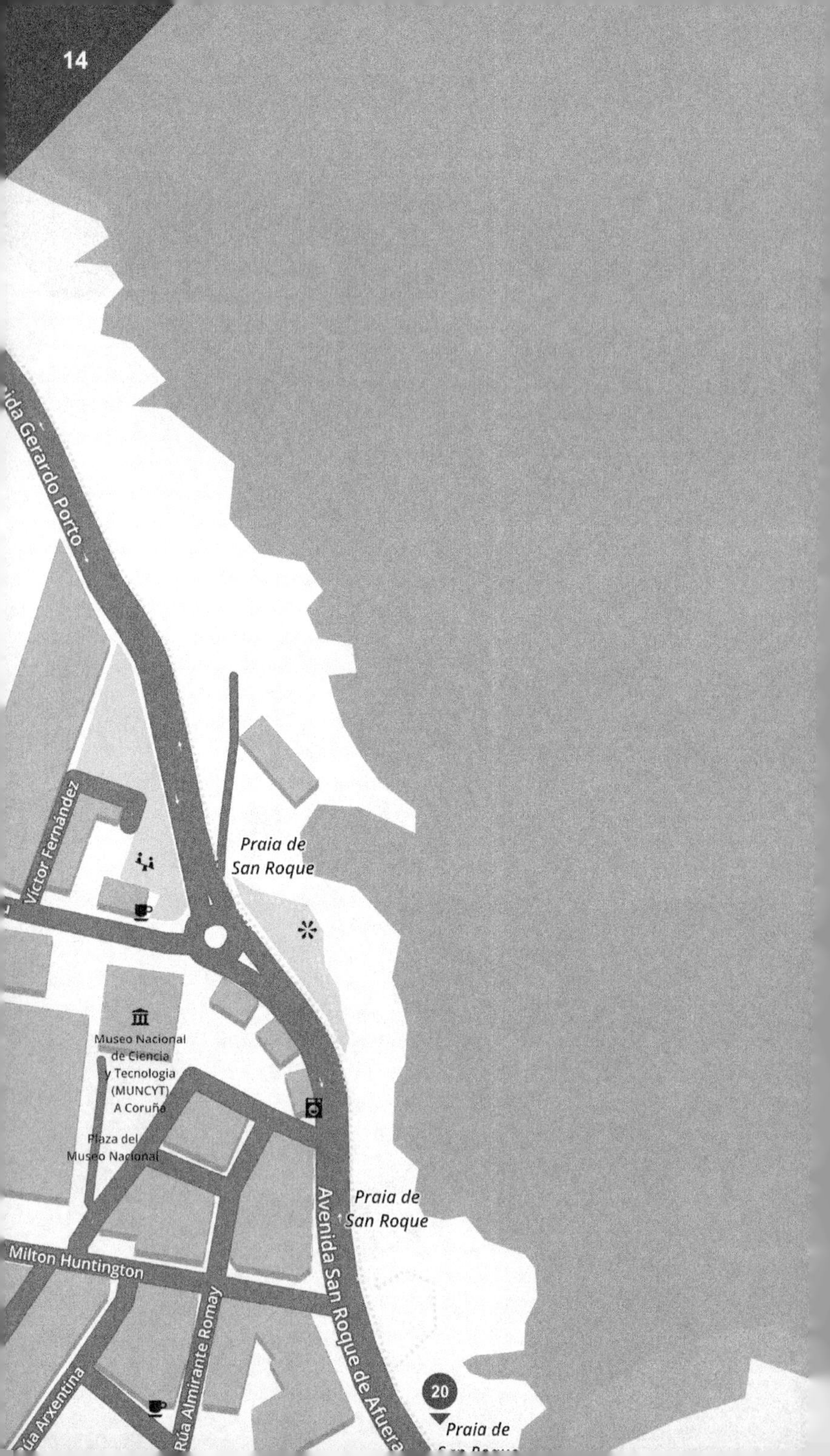

Avenida Gerardo Porto

Víctor Fernández

Praia de
San Roque

Museo Nacional
de Ciencia
y Tecnología
(MUNCYT)
A Coruña

Plaza del
Museo Nacional

Milton Huntington

Rúa Arxentina

Rúa Almirante Romay

Avenida San Roque de Afuera

Praia de
San Roque

20
Praia de
San Roque

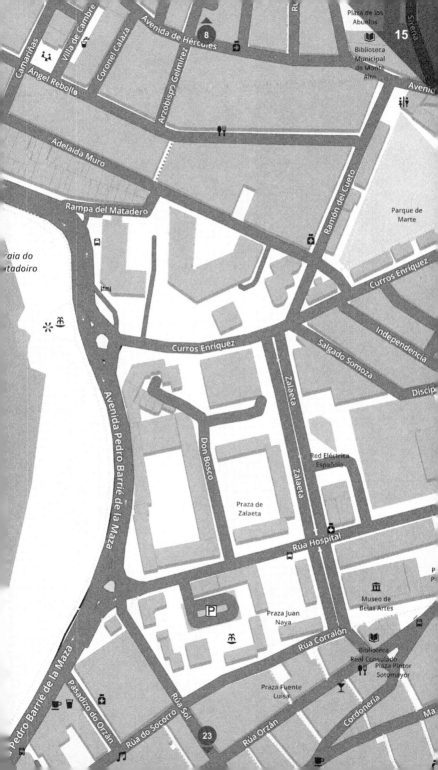

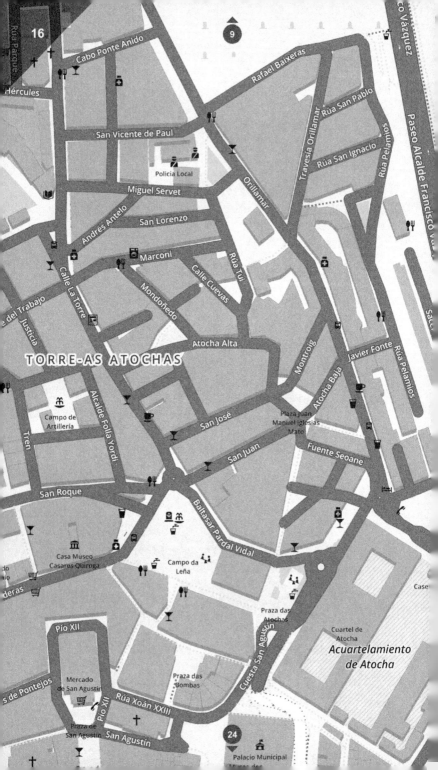

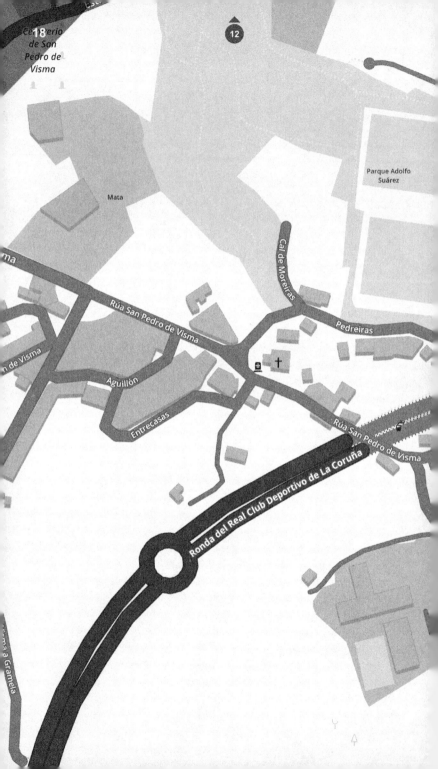

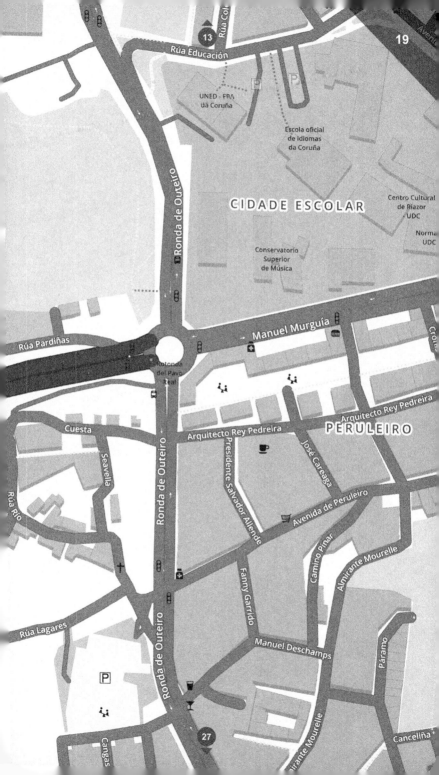

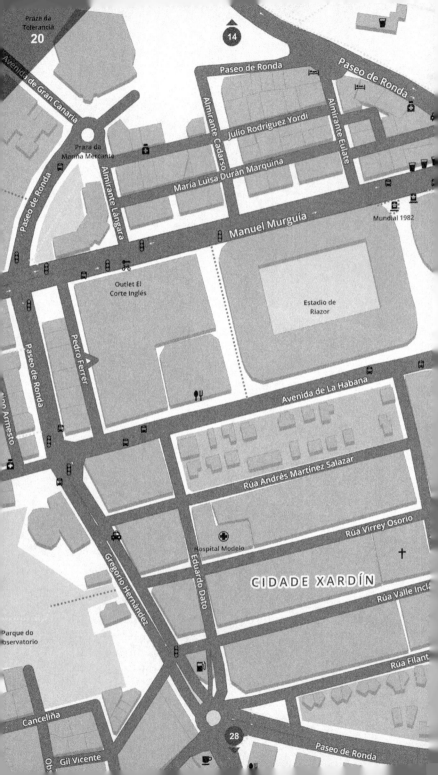

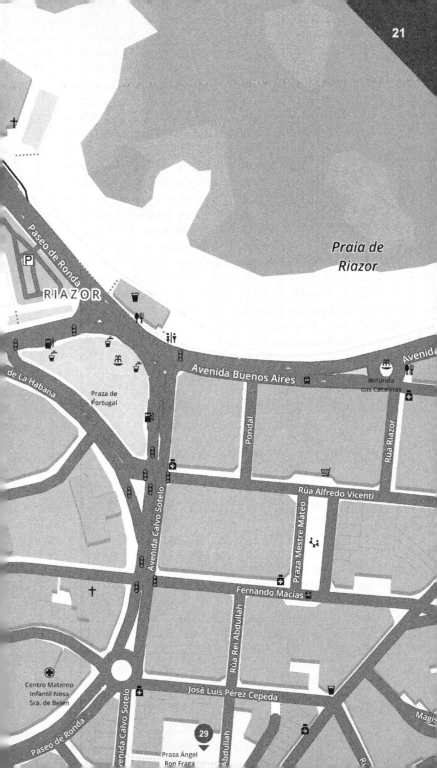

Praia de
Riazor

Paseo de Ronda

P

RIAZOR

de La Habana

Praza de
Portugal

Avenida Buenos Aires

Avenida

Rotonda
das Catalinas

Pondal

Rúa Riazor

Rúa Alfredo Vicenti

Avenida Calvo Sotelo

Praza Mestre Mateo

Fernando Macías

Rúa Rei Abdullah

Centro Materno
Infantil Nosa
Sra. de Belén

+

José Luis Pérez Cepeda

Magi

Paseo de Ronda

Avenida Calvo Sotelo

29

Abdullah

Praza Ángel
Ron Fraga

R.

La Coraza

Monumento
aos Heroes
do Orzán

Avenida Pedro Barrié de la Maza

Rúa Comandante Fontanes

Rúa Cordelería

Plaza
Sellie

Picos

Pedro Barrié de la Maza

Modesta Goicouria

Eusebio da
Guarda

San Andrés

Pla
C

Rúa Alameda

Rúa Huertas

Praza de
Pontevedra

Avenida Rubine

D

Teresa Herrera

Payo Gómez

Casa Museo
Picasso

Rúa de Fonseca

Juana de Vega

Avenida Finisterre

Túnel Plaza de Lugo

Médico Rodríguez

Rúa Betanzos

Rosalía de Castro

Praza de
Lugo

Rúa Compostela

Donantes de Sangre

ENSANCHE

Picavia

Padre Feijoo

Artime

Parque Plaza
de San Pablo

Rúa Ferrol

30

Arz

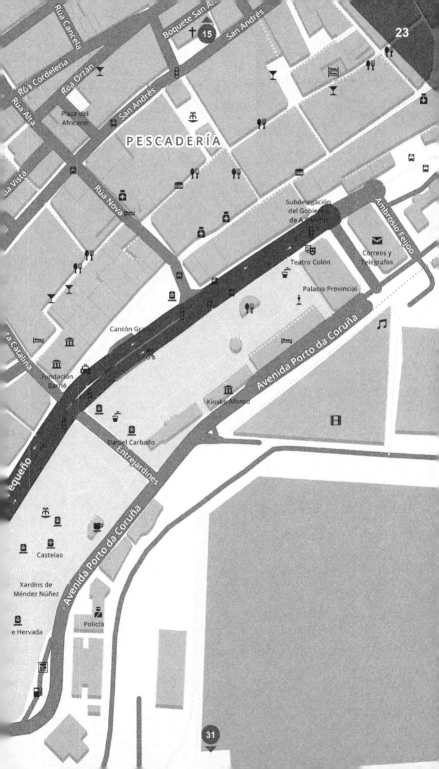

Rúa Cancela

Boquete San A.

San Andrés

† 15

San Andrés

Rúa Cordelería

Réa Orzán

Rua Alta

Plaza del Africano

San Andrés

PESCADERÍA

la Vista

Rúa Nova

Subdelegación del Gobierno de A Coruña

Ambrosio Feijoo

Teatro Colón

Correos y Telégrafos

Palacio Provincial

Cantón Grande

Avenida Porto da Coruña

a Catalina

Fundación Barrié

Kiosko Afonso

equeño

Daniel Carballo

Entrejardines

Avenida Porto da Coruña

Castelao

Xardíns de Méndez Núñez

Avenida Porto da Coruña

e Hervada

Policía

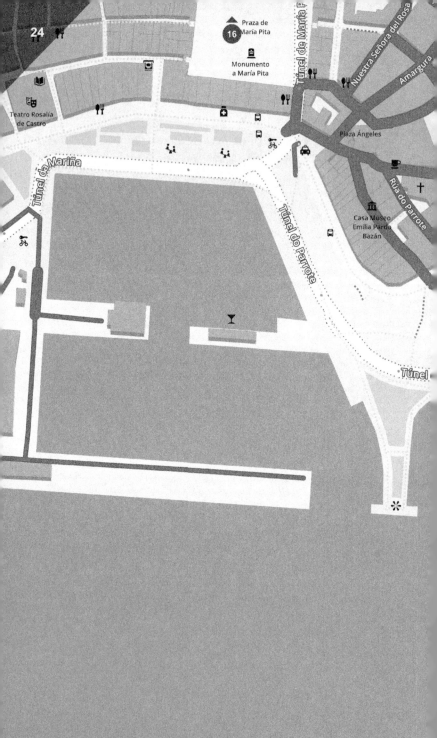

24

Praza de
16 María Pita

Monumento
a María Pita

Teatro Rosalía
de Castro

Túnel de Mariña

Túnel de María P

Nuestra Señora del Rosa

Amargura

Plaza Ángeles

Rúa do Parrote

Túnel do Parrote

Casa Museo
Emilia Pardo
Bazán

Túnel

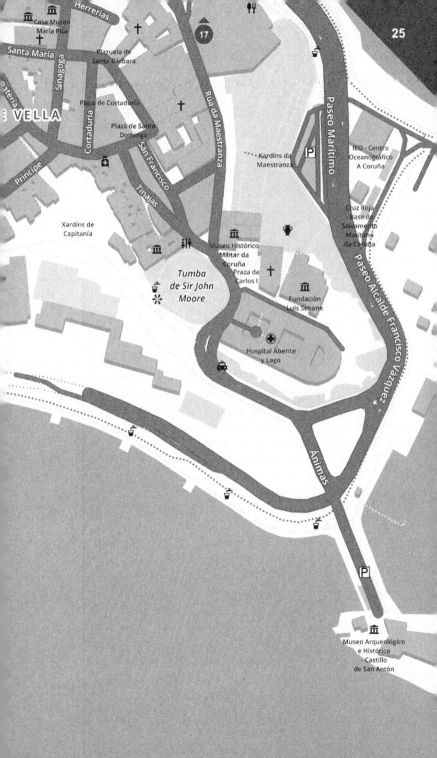

Casa Museo
María Pita

Santa María

Herrerías

Plazuela de
Santa Bárbara

Sinagoga

Plaza de Cortaduría

VELLA

Cortaduría

Plaza de Santo
Domingo

Príncipe

San Francisco

Tinajas

Xardíns de
Capitanía

Rúa da Maestranza

Xardíns da
Maestranza

Paseo Marítimo

IEO - Centro
Oceanográfico
A Coruña

Cruz Roja -
Base de
Salvamento
Marítimo
da Coruña

Museo Histórico
Militar da
Coruña
Praza de
Carlos I

Tumba
de Sir John
Moore

Fundación
Luis Seoane

Paseo Alcalde Francisco Vázquez

Hospital Abente
y Lago

Ánimas

Museo Arqueológico
e Histórico
- Castillo
de San Antón

17

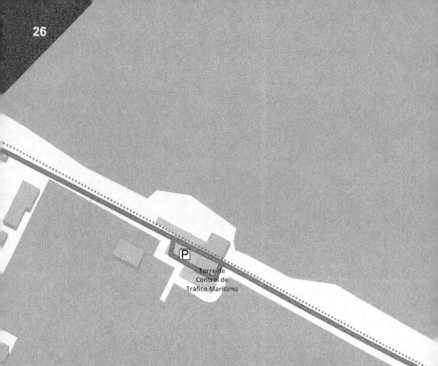

P

Torre de
Control de
Tráfico Marítimo

stelo
Santo
ntón

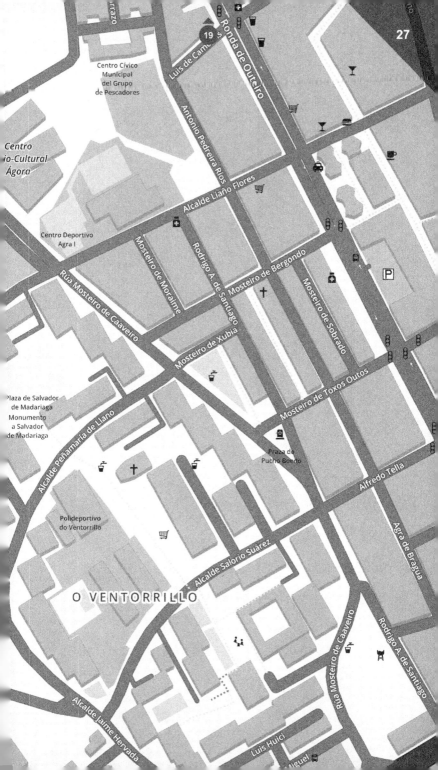

Centro Cívico
Municipal
del Grupo
de Pescadores

Centro
io-Cultural
Ágora

Centro Deportivo
Agra I

Plaza de Salvador
de Madariaga
Monumento
a Salvador
de Madariaga

Polideportivo
do Ventorrillo

O VENTORRILLO

Praza de
Pucho Boedo

Luis de Cam

Ronda de Outeiro

Antonio Pedreira Ríos

Alcalde Liaño Flores

Rúa Mosteiro de Caaveiro

Mosteiro de Moraime

Rodrigo A. de Santiago

Mosteiro de Bergondo

Mosteiro de Sobrado

Mosteiro de Xubia

Mosteiro de Toxos Outos

Alcalde Peñamaría de Llano

Alcalde Salorio Suárez

Alcalde Jaime Hervada

Luis Huici

Alfredo Tella

Agra de Bragua

Rúa Mosteiro de Caaveiro

Rodrigo A. de Santiago

Miguel

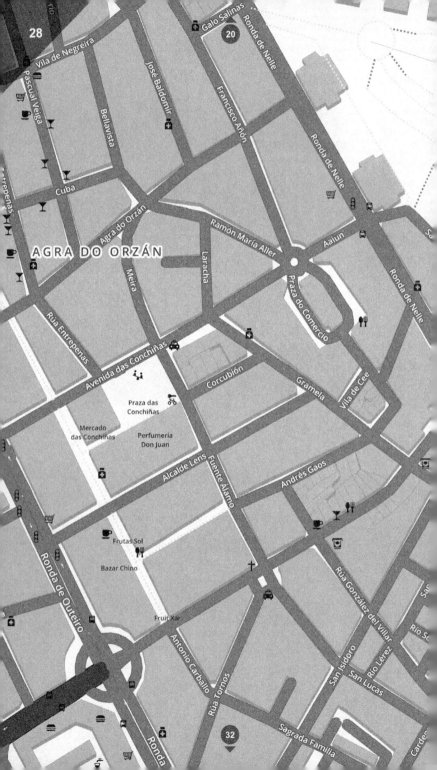

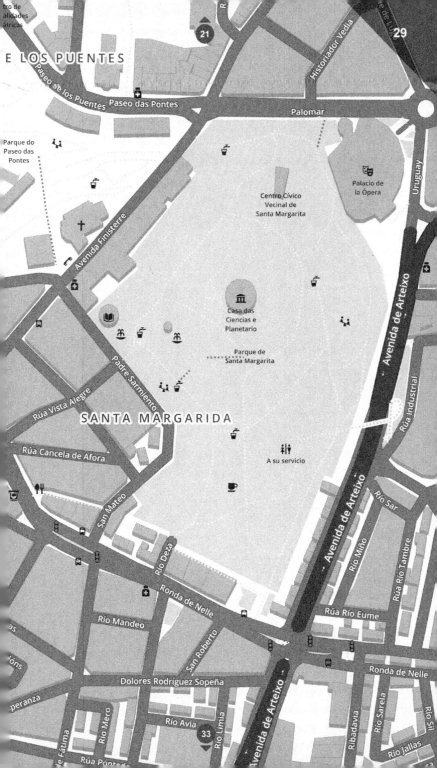

P

Avenida Fernández Latorre

ida Primo de Rivera

Praza da
Palloza

35

Avenida del

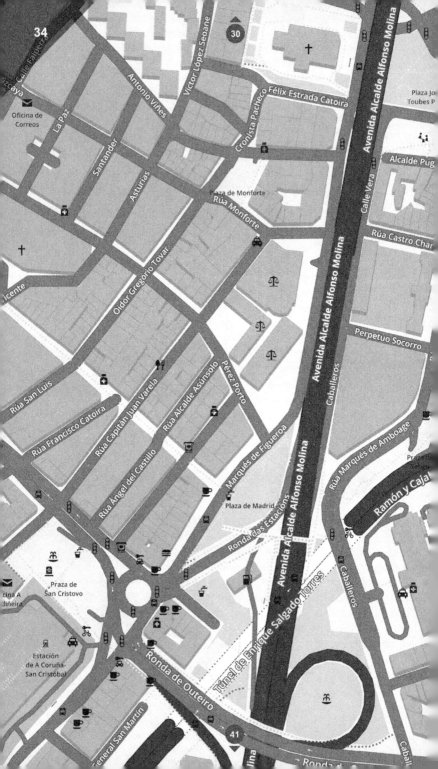

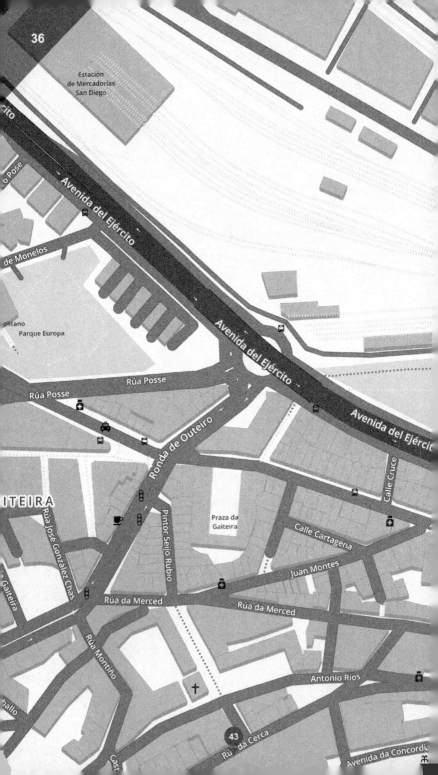

Estación
de Mercadorías
San Diego

o Pose

Avenida del Ejército

de Monelos

olitano
Parque Europa

Avenida del Ejército

Rúa Posse

Rúa Posse

Avenida del Ejércit

Ronda de Outeiro

Calle Cruce

ITEIRA

Rúa José González Chas

Pintor Seijo Rubio

Praza da
Gaiteira

Calle Cartagena

Juan Montes

Gaiteira

Rúa da Merced

Rúa da Merced

Rúa Montiño

Antonio Ríos

†

hallo

Cast

43

Rú da Cerca

Avenida da Concordia

Carretera de Acceso al Puerto

Re

Parque de
San Diego

nida del Ejército

Rúa Alberto García Ferreiro

Villa de Cedeira

Calle Miramar

Francisco Vales Villamarín

Túnel de Os Castros

Avenida de Oza

Concordia

Genera

44

Nueva Travesía Buenavista

OS CASTROS

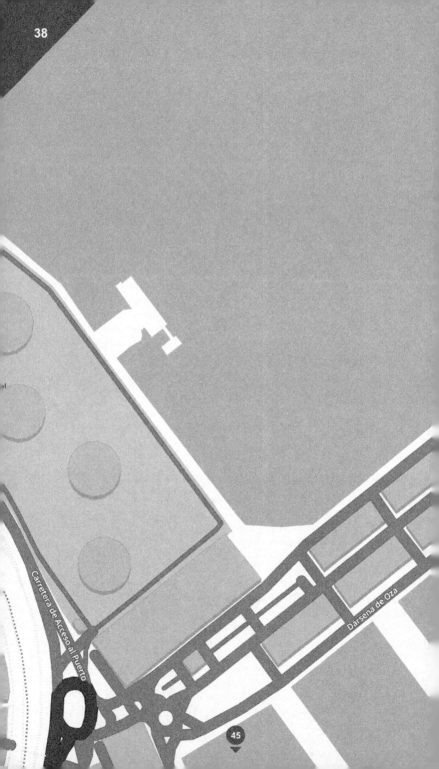

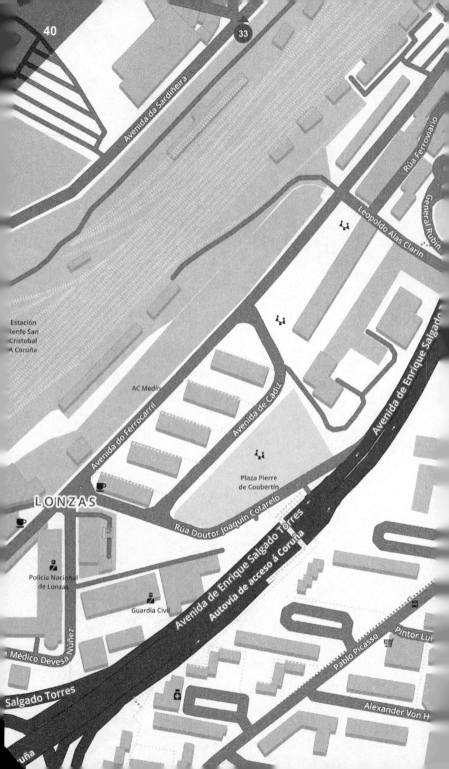

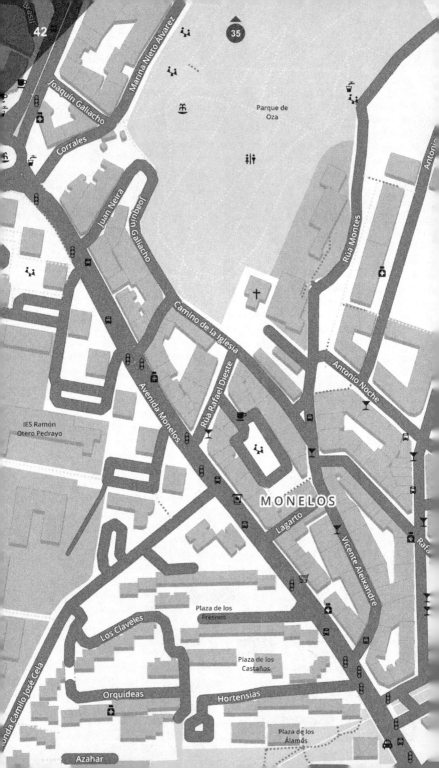

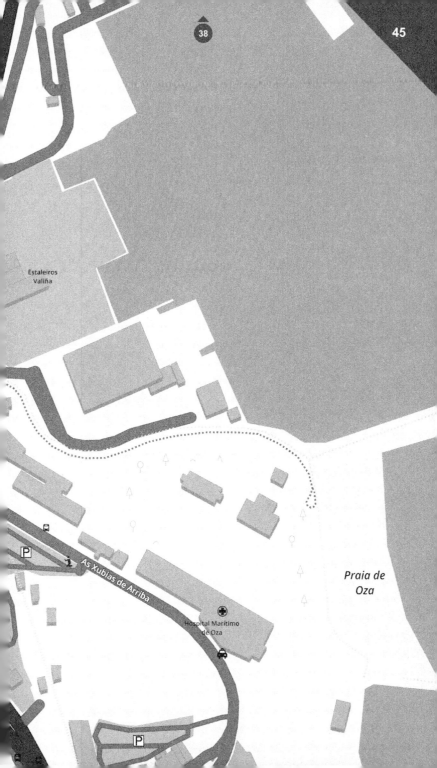

Estaleiros
Valiña

As Xubias de Arriba

Praia de
Oza

Hospital Marítimo
de Oza

P

P

Streets

2ª travesia la gaiteira 35,
36

A

A silva de riba 27
Aaiun 28
Acceso ies 39
Adelaida muro 15
Agar 24
Agra de bragua . . . 27, 28
Agra de san amaro 9
Agra do orzán 27, 28
Agra dos mallos . 32, 33,
40
Aguillón 18
Albert camus 7
Alcalde abella . . . 7, 8, 15
Alcalde canuto berea 23
Alcalde fermin casares
teijeiro 36
Alcalde folla yordi 16
Alcalde jaime hervada
27
Alcalde lens 28
Alcalde liaño flores . . 27
Alcalde manuel casas
23
Alcalde peñamaria de
llano 27
Alcalde puga y parga
34, 35
Alcalde salorio suárez
27
Alcalde sanjurjo 7, 8
Alcalde soto gonzález
29, 30
Alejandro barreiro noya
36
Alexander von hum-
boldt 40,
41
Alfonso ix 24
Alfonso molina,
estación de au-
tobuses 34
Alfonso molina, fernán-
dez latorre 30
Alfonso molina, plaza
de madrid 34
Alfonso vii 30
Alfredo tella 27, 28
Almirante cadarso . . . 20
Almirante eulate 20
Almirante lángara 20
Almirante mourelle . . 19,
27
Amapolas 42
Amargura 24
Ambrosio feijoo 23
Andrés antelo 16
Andrés gaos 28
Andén de riazor 21
Antonio carballo 28
Antonio machado 41
Antonio noche 42, 43
Antonio pedreira rios 19,
27
Antonio pereira . . . 28, 32
Antonio ríos . . 36, 37, 42,
43
Antonio viñes 34
Arenal 8, 15
Argudin bolivar 15
Arquitecto rey pedreira
19, 20
Arquimedes 32
Arzobispo gelmirez . . 15
Arzobispo lago
gonzález 22, 30
Arévalo 22, 23
As xubias de arriba . . 44,
45
Asturias 34
Atocha alta 16
Atocha baja 16
Autovia de acceso á
coruña 40
Avda. navarra 8
Avenida alcalde alfonso
molina . . . 30, 34, 41
Avenida alcalde pérez
ardá 35, 41, 42
Avenida alfonso molina,
s/n 34
Avenida buenos aires 21
Avenida calvo sotelo 21,
29
Avenida casanova de
eiris 36, 43
Avenida culleredo 41
Avenida da concordia
36, 37, 42–44
Avenida da mariña . . . 23,
24
Avenida da pasaxe . . . 37
Avenida da sardiñeira
33, 34, 39, 40
Avenida das conchiñas
27, 28
Avenida de arteixo . . 29,
30, 32, 33, 39
Avenida de arteixo, resi-
dencial vioño 33
Avenida de cádiz 40
Avenida de enrique sal-
gado torres 34,
39–41
Avenida de gran canaria
13, 14, 19, 20
Avenida de hércules
7–9, 15, 16
Avenida de la habana
20, 21
Avenida de la marina 23,
24
Avenida de la puerta de

aires 16, 24
Avenida de labañou . 13,
14
Avenida de lamadosa
42–44
Avenida de los caídos43
Avenida de los rosales
13
Avenida de los Ángeles
24
Avenida de montoto . 24
Avenida de navarra . 8, 9
Avenida de oza . . 35–37,
44
Avenida de peruleiro 19,
20
Avenida del ejército . 31,
35–37
Avenida del pasaje . . 37,
44, 45
Avenida do exército . . 35
Avenida do ferrocarril
33, 34, 39–41
Avenida dos mallos . 29,
30, 33, 34
Avenida ejército, casa
del mar 31
Avenida fernando
suárez garcia . 12, 13
Avenida fernàndez la-
torre 30, 31, 34,
35
Avenida finisterre . 21, 22,
27–29, 32
Avenida gerardo porto
13, 14
Avenida linares rivas 30,
31
Avenida metrosidero 16,
17
Avenida monelos . 42, 43
Avenida monte alto . . . 8
Avenida oleiros 41
Avenida pedro barrié de
la maza . . . 15, 21–23
Avenida porto da
coruña 22, 23
Avenida primo de rivera
30, 31
Avenida rubine 21, 22
Avenida san roque de
afuera 14, 20
Azahar 42

B

Bailén 15, 23, 24

Baltasar pardal vidal . 16
Barcelona 19, 27, 28
Bella avenida 34
Bellavista 28
Belén 33
Benito blanco rajoy . . 35
Bolivia 29, 30
Boquete san andrés . 15,
23
Bosque 39
Brasil 34, 35, 41, 42
Buenavista 37, 44

C

Caballeros 34, 41, 42
Cabo ponte anido . 9, 16
Cal de moreiras 18
Calle abogacía 35
Calle cartagena 36
Calle ciega 15, 23
Calle cruce 36
Calle cruz roja española
15
Calle cuento 7, 8
Calle cuevas 16
Calle de las margaritas
42
Calle de las rosas 42
Calle del matadero . . . 15
Calle del trabajo . . 15, 16
Calle falperra . 30, 33, 34
Calle fernando rey . . 30,
34
Calle galera 23
Calle la palloza 31
Calle la torre 9, 16
Calle luna 8, 15
Calle maestro clavé . . 30
Calle maria luz morales
13
Calle miramar 37
Calle nicomedes pastor
diaz 35
Calle papagayo . . . 15, 16
Calle pintor villar chao
36
Calle puerta de aires 16,
17, 24, 25
Calle pérez quevedo . . 8
Calle tabares 15
Calle vera 34
Calle villa de muros . . 37
Calle vizcaya . 29, 30, 33,
34
Calle Ángela blanco de
soto 37, 44

Callejón atocha baja . 16
Callejón de la estacada
23
Callejón de los cristales
21, 29
Callejón garcía 16
Callejón san telmo . . . 23
Camariñas 8, 15
Camino de la cubela . 35
Camino de la iglesia . 42
Camino pinar 19
Camiño de san cristobal
das viñas 39
Camiño de visma a
gramela 18, 27
Camiño do corgo 42
Camiño montiño 36
Campo da estrada16, 17,
24
Campo da leña 16
Campo de artilleria . . . 16
Cancela de afuera28, 29
Canceliña . . 19, 20, 27, 28
Cangas do morrazo . . 19,
27
Cantábrico 7, 8, 15
Cantón grande 23
Cantón pequeño . 22, 23
Capitán cristobal diaz 16
Capitán troncoso . 16, 24
Cardenal cisneros . . . 28,
29, 32
Carretera de acceso al
puerto 31, 35–38
Carretera fuertes monte
san pedro 11
Castiñeiras de abaixo30,
31, 34, 35
Castrillón 36, 43
Celedonio de uribe . . 24
Cervantes 8, 15
Ciudad de lugo . . . 21, 22,
29, 30
Ciudad de sada 7, 8
Cl salvador de
madariaga, s.n.
41
Clara campoamor 41
Claudio san martín . . . 37
Colón 8
Comercial hércules 8, 15
Concepción arenal . . 31,
35
Coral el eco 16
Corcubión 28
Cordoneria 15
Coronel calaza 15

Coronel cerviño núñez 8
Corrales 42
Cortaduria 25
Costa da palloza . . 31, 35
Costa de visma 19
Cronista constantino
    armesto 19, 20
Cronista pacheco 34
Cuba 27, 28
Cuesta 19
Cuesta san agustin . . . 16
Curros enriquez . . . 15, 16

D

Damas 24, 25
Dique de abrigo . . 25, 26
Disciplina 15, 16
Doctor ferrant 8, 15
Doctor vázquez iglesias
    4, 8
Dolores rodriguez
    sopeña 29
Don bosco 15
Donantes de sangre . . 22
Durán loriga 22, 23
Dársena da marina . . . 24
Dársena de oza 38

E

Edison 32
Eduardo dato 20
Eira vella 18, 19
Eladio rodriguez
    gonzález 29
Emilia pardo bazán . . 30
Enciclopedia francesa
    33
Enrique dequidt hevia
    29, 30
Entrecasas 18
Entrejardines 23
Epigrafe 42
Escalera rafael del rio
    30, 31
Escalinata adelaida
    muro 15
Escalinata santa lucia 31
Esperanza 28, 29
Estrada de circun-
    valación 7
Estrada de visma a
    mazaido 18
Estrada dos baños de
    arteixo 39

Estrada dos fortes 11–13,
    18
Estrecha de san andres
    15, 23
Estrella 23
Eugenio carré aldao . 33
Eugenio f. granell 40
Europa 33, 40

F

Fama 24
Fanny garrido 19
Fariña ferreño 43
Faro 8
Faro finisterre 7
Fe 29, 32, 33
Federico garcia lorca . 41
Federico tapia 30
Fernando arenas quin-
    tela 22,
    23
Fernando gonzález . . 22,
    30
Fernando macias 21
Fernando macias 21
Filipinas 33
Fiscal josé gómez
    naveira 22
Fita 15
Florida 16, 24
Fontán 22, 30
Francisco añón . . . 20, 28
Francisco mariño 22
Francisco miguel 27
Francisco tettamancy 33
Francisco vales villa-
    marin 37
Franja 16, 23, 24
Fraternidad 33
Friol 8
Fuente de pajaritas . . . 41
Fuente de san amaro . 9
Fuente seca del monte
    30
Fuente seoane 16
Fuente Álamo 28
Félix estrada catoira . 34

G

Galera 15, 23
Galerias de santa mar-
    garita 28
Galo salinas 28
Gardenias 41, 42
General alesón 16

General caridad pita 8, 9
General rubin 40, 41
General salcedo molin-
    uevo 37,
    44
General san martin . . 34,
    41
Gerión 7, 8
Gil vicente 20, 28
Glorieta de américa . . 29
Glorieta de la paz . 33, 34
Glorieta de ronda de
    nelle 29, 30
Glorieta eduardo diz
    lópez 39
Gramela 28
Gregorio hernández . 19,
    20
Grupo de vivendas mu-
    nicipais virxe do
    carme 13
Grupo nuestra señora
    del carmen . . 13, 19
Grupo vivendas virxe do
    carme 13
Grupo viviendas maria
    pita 13
Gutemberg 32

H

Hermanos de la lejia . . 8
Herrador 15, 23
Herrerias . . . 16, 17, 24, 25
Historiador vedia . 21, 22,
    29, 30
Hortensias 42

I

Igualdad 33
Independencia . . . 15, 16
Inés de castro 30
Isabel lópez gandalla 25

J

Jacinto benavente . . . 36
Jardin de san carlos . . 25
Javier fonte 16
Javier lópez lópez 42, 43
Jazmines 42
Jerónimo vázquez
    franco 43
Joaquin galiacho 42
Joaquin gonzález . . 8, 15

50

Joaquin planells,
    estaciòn tren 34
Jorge borrow 28, 29
Jose luis bugallal
    marchesi 41
Jose luis cereijo santa-
    maria 36,
    37
Jose maria rivera corral
    32, 39
Jose villaverde velo . . . 7
José amor lópez . 20, 28
José baldomir 28
José careaga 19
José cornide 30
José garcía vázquez . . . 7
José luis pérez cepeda
    21
José maria hernansáez
    36, 37, 43, 44
José miñones
    bernardez 41
José sardina muiños . 21,
    29
Juan castro mosquera
    29, 30
Juan flórez 22, 30
Juan flórez, 116 30
Juan flórez, 119 30
Juan flórez, 56 30
Juan flórez, 82 30
Juan gonzález ro-
    driguez 19,
    20
Juan montes 36
Juan neira 42
Juan sebastián elcano 5,
    9
Juana de vega 22
Julia minguillón . . . 19, 27
Julio rodríguez yordi . 20
Justicia 15, 16

L

La barrera 15, 23
La paz 33, 34
La rioja 8
Lagar 30
Lagarto 42
Lagoas 7
Laracha 28
Laureano mediante . . 36
Leopoldo alas clarin . 40
Libertad 32
Los claveles 42
Loureiro 18

Luchana 24
Lugar casablanca 44
Lugar curramontes . . 44
Lugar lamadosa 44
Lugar oza 38, 44, 45
Luis de camoens . 19, 27
Luis diaz gonzález 19, 20
Luis huici 27

M

Madame curie 39
Maestro anta 13
Magistrado manuel ar-
    time 21, 22, 29,
    30
Manuel deschamps . 19,
    27
Manuel diaz 7
Manuel garcia canzobre
    8, 9
Manuel murguia . . 19–21
Maravillas 28, 29
Marchesi dalmau 23
Marconi 16
Marina nieto Álvarez . 35,
    42
Mariscal loriga y re-
    quena 8
Mariscal pardo de cela
    34
Marola 8
Marqués de cerralbo 16,
    24
Marqués de figueroa . 34
Marqués de pontejos 15,
    16
Martinez moras 8
Maria barbeito 24
Maria casares 41
María luisa durán mar-
    quina 20
Mauricio farto parra . . 8
Meira 28
Mercado 16
Metal 13
Miguel gonzález garcés
    41
Miguel hernández 41
Miguel servet 16
Modesta goicouria . . . 22
Monasterio de caaveiro
    27
Monasterio de cines . 27
Mondoñedo 16
Monte de san pedro . 11,
    12

Montevideo 41, 42
Montroig 16
Monumento a maria
    pita 24
Mosteiro de bergondo
    27
Mosteiro de monfero . 27
Mosteiro de moraime 27
Mosteiro de sobrado . 27
Mosteiro de toxos outos
    27
Mosteiro de xubia 27
Muelle calvo sotelo . 23,
    31
Muelle de bateria . 23, 31
Muelle de la palloza . . 31
Muelle de linares rivas
    30, 31
Muelle de san diego . 37
Muelle de trasatlánticos
    23, 24
Médico durán 30
Médico rodríguez . 21, 22
Méjico 35

N

Nantin 7
Napoleón bonaparte 32,
    33
Nazaret 29, 33
Nebrija 28, 29
Niño jesús 28, 32
Notariado 30
Nuestra señora de fá-
    tima 29, 32,
    33
Nuestra señora de la
    luz 28, 29, 32, 33
Nuestra señora del
    rosario 16, 24
Nueva travesia buenav-
    ista 37, 38,
    44

O

O coidal 18
Observatorio . . 19, 20, 28
Oidor gregorio tovar . 34
Oleoducto 43
Oliva 16, 24
Olmos 23
Oriente 8
Orillamar 9, 16
Orquideas 42

P

Pablo neruda 41
Pablo picasso 40, 41
Pablo picasso, edificio
    san cristóbal 40
Pablo picasso, casares
    quiroga 41
Padre feijoo 22, 30
Padre rosendo salvado
    8
Padre sarmiento 29
Pajaritas, especiales . . 41
Palomar 29
Panaderas 15, 16
Panaderas, museo . . . 15
Panamá 27, 28
Paraguay 13
Parque carlos casares 8
Parque de marte . . 15, 16
Parque de santa mar-
    garita 29
Pasadizo de pernas . . 30
Pasadizo do orzán 15
Pasadizo eduardo vila 24
Pascual veiga . 19, 20, 27,
    28
Paseo alcalde francisco
    vázquez . 7–9, 16, 17,
    25
Paseo asociación de la
    prensa 23
Paseo das pontes 21, 29
Paseo de alexandre
    bóveda 34, 35
Paseo de la dársena . 24
Paseo de los puentes 21,
    29
Paseo de ronda . . 19–21,
    28, 29
Paseo de san diego
    36–38, 44, 45
Paseo del club del mar
    9
Paseo del general sir
    john moore 25
Paseo do parrote . 24, 25
Paseo dos menhires 4, 5,
    9
Paseo maritimo 7–9,
    12–17, 20–22, 25, 26
Paseo ramón núñez
    montero 28
Paseo serpent 5, 9
Payo gómez 22
Pedreiras 18

Pedro antonio sánchez
    vaamonde 15
Pedro ferrer 20
Pedro galán calvete . . . 8
Pedroso 33
Perillana 22
Perpendicular san ma-
    teo 29
Perpetuo socorro 34
Picavia 22
Picos 22
Pinares 8
Pintor francisco lloréns
    13, 19
Pintor germán taibo . . 33
Pintor joaquin vaa-
    monde 30
Pintor luis mosquera 40,
    41
Pintor román navarro . 16
Pintor seijo rubio 36
Pla y cancela 29, 30
Plaza alcalde domingos
    merino 40
Plaza alcalde iglesias
    corral 40
Plaza alcalde josé cre-
    spo lópez mora
    40
Plaza alcalde lópez
    menéndez 40
Plaza alcalde ozores
    arraiz 40
Plaza alcaldesa berta
    tapia 13
Plaza antonio tenreiro
    rodriguez 30
Plaza cormelana 22
Plaza cuatro caminos 35
Plaza de blanca quiroga
    9
Plaza de cortaduria . . 25
Plaza de españa 16
Plaza de españa, 24 . . 16
Plaza de la milagrosa 41
Plaza de los abuelos . 8,
    15
Plaza de los castaños 42
Plaza de los fresnos . . 42
Plaza de los Álamos 42
Plaza de monforte . . . 34
Plaza de nuestra señora
    de los rosales . . . 12
Plaza de pontevedra,
    instituto femenino
    22
Plaza de recife . . . 22, 30

Plaza de salvador de
    madariaga 27
Plaza de san nicolás . 15,
    16, 23, 24
Plaza de san pablo . . . 22
Plaza de santa maría . . 9
Plaza de santo domingo
    25
Plaza del africano 23
Plaza del marqués de
    san martin 16
Plaza del museo na-
    cional 14
Plaza francisco prego 30
Plaza fuente seoane . 16
Plaza indalecio prieto . 8,
    9
Plaza isaac diaz pardo
    40
Plaza josep sellier loup
    22
Plaza josé toubes pego
    34
Plaza juan manuel igle-
    sias mato 16
Plaza luis seoane 41
Plaza maria auxiliadora
    15
Plaza nuestra señora 28
Plaza padre gil 13
Plaza parque 8, 9
Plaza pintor laxeiro . . 40
Plaza pintor manuel
    colmeiro 40
Plaza pintor sotomayor
    15
Plaza rafael dieste . . . 42
Plaza san josé 7
Plaza san pedro de
    mezonzo 34
Plaza santa catalina . . 22
Plaza vista 22, 23
Plaza Ángeles 24
Plazuela de santa bár-
    bara 25
Poeta trillo figueroa . . 36
Pondal 21
Practicante pedro gar-
    cia 35,
    36
Praza alfonso xiii . . 28, 32
Praza almirante romay
    14
Praza coro cantigas da
    terra 16
Praza da concordia . . 36,
    43

Praza da constitución 24, 25
Praza da cubela 35
Praza da gaiteira 36
Praza da mariña mer-
cante 20
Praza da palloza . . 31, 35
Praza da tolerancia . . 14,
19, 20
Praza das atochas 16
Praza das bombas . . . 16
Praza das conchiñas . 28
Praza das lagoas 7
Praza de azcárraga . . 24,
25
Praza de carlos i 25
Praza de galicia . . 22, 30
Praza de lugo 22
Praza de maria pita . . 16,
24
Praza de mina 22
Praza de ourense . 22, 30
Praza de pablo iglesias
43
Praza de pontevedra 21,
22
Praza de pontevedra,
deportivo 22
Praza de portugal 21
Praza de pucho boedo
27
Praza de san agustin . 16
Praza de san andrés . 23
Praza de san cristovo 34
Praza de vigo 30
Praza de zalaeta 15
Praza do comercio . . . 28
Praza do conservatorio
13, 19
Praza do galatea 5, 9
Praza do humor 16
Praza do libro 30
Praza do papagaio 15, 16
Praza do parrote . . 24, 25
Praza do tebeo . . . 34, 35
Praza dos mariñeiros . 19
Praza elvira bao ma-
ceiras 35
Praza elíptica 11
Praza fuente luisa 15
Praza fábrica de taba-
cos 31,
35
Praza josé gonzález
dopeso 35
Praza juan naya 15

Praza luis rodríguez
lago 9
Praza mestre mateo . . 21
Praza oito de marzo . . 35
Praza padre josé rubi-
nos 33
Praza tornos 28
Praza Ángel ron fraga 21,
29
Presidente salvador
allende 19
Primavera 35
Príncipe 25
Puente 35
Puerto rico 33, 40
Punto limpio 18, 19
Páramo 19, 27, 28
Pérez lugin 20, 21
Pérez porto 34
Pio xii 15, 16

R

Rafael alberti 41
Rafael baixeras 16
Rafael bárez vázquez 42,
43
Rampa de san amaro . 9
Rampa del matadero . 15
Ramón cabanillas 33, 34
Ramón de la sagra . . . 30
Ramón del cueto 15
Ramón maria aller . . . 28
Ramón pérez costales
(doctor moragas) 35
Ramón villamil 8
Ramón y cajal 34, 35
Regata cutty sark 9
Reja dorada 24
Repeso 24, 25
República dominicana
27, 28
Reverendo p. josé Ál-
varez cabeza 20
Revolución francesa . 32,
33
Reyes magos 33
Ribadavia 29, 33
Ricardo labaca 29, 30, 33
Ricardo pérez 35
Riego de agua 23, 24
Roberto tojeiro diaz . . 35
Rodrigo a. de santiago
27, 28
Ronda camilo josé cela
41, 42
Ronda das estacións . 34

Ronda de monte alto . 7,
8
Ronda de nelle 20,
28–30, 34
Ronda de outeiro . 13, 19,
27, 28, 32–36, 42
Ronda del real club
deportivo de la
coruña 18, 19
Ronda outeiro, 148 . . . 33
Rosalía de castro 22
Rotonda das catalinas 21
Rotonda das paxariñas
41
Rio anllóns 28, 29
Rio arnoia 28
Rio avia 29
Rio barbanza 33, 34
Rio de monelos . . 35, 36
Rio deza 29
Río eo 29, 33
Río ezaro 33
Río jallas 29
Rio limia 29
Rio lérez 28
Rio mandeo 29
Rio mero 29
Rio miño 29
Rio sar 29
Rio sarela 29
Rio sil 29
Río sor 28
Rio tambre 29
Rio traba 33
Rio ulla 28, 29
Rúa abegondo 43
Rúa africano 23
Rúa alameda 22
Rúa alberto datas
panero 32, 33
Rúa alberto garcia fer-
reiro 37
Rúa alcalde abad
conde 13
Rúa alcalde asúnsolo 34
Rúa alcalde marchesi 35
Rúa alcalde suárez fer-
rin 11,
12
Rúa alfonso rodriguez
castelao 12
Rúa alfredo vicenti 21, 22
Rúa alicante . . 36, 43, 44
Rúa almirante romay . 14
Rúa alta 23
Rúa andrés martinez
salazar 20

Rúa antonio santiago . 8, 9
Rúa antón vilar ponte 30
Rúa arco 23
Rúa argudín bolívar . . 15
Rúa arxentina . . 13, 14, 19
Rúa arzúa 37, 44
Rúa as figueiras . . . 18, 19
Rúa baldaio 33
Rúa bergondo 43
Rúa betanzos 22
Rúa blanco white 39, 40
Rúa borrallón 33
Rúa cabana . . . 30, 31, 34
Rúa cancela 15, 23
Rúa cancela de afora 29
Rúa capitán juan varela 34
Rúa carballo 35, 36
Rúa carmen rodriguez-losada trulock . . . 11
Rúa casares quiroga . 41
Rúa castro chané 34
Rúa cega 15, 23
Rúa cesuras 32, 39
Rúa chile 34, 35
Rúa cidade de lugo . . 21, 29
Rúa colombia 13, 19
Rúa comandante fontanes 22, 23
Rúa comercio 28
Rúa compostela 22
Rúa cordeleria 22, 23
Rúa corralón 15
Rúa costa da unión . . 29, 30
Rúa costa rica 30
Rúa cultura 13, 19
Rúa curtis 43
Rúa da canteira 13
Rúa da cerca 36, 43
Rúa da espiga 13
Rúa da maestranza . . 16, 17, 25
Rúa da merced . . . 36, 37
Rúa da roda 13
Rúa de fonseca 22
Rúa diego delicado . . 33
Rúa do carmen 8, 15
Rúa do hostal 13
Rúa do parrote . . 24, 25
Rúa do pino 13
Rúa do socorro . . . 15, 23
Rúa doctor enrique her-vada 34, 35

Rúa doutor fleming . . 30
Rúa doutor joaquin cotarelo 40
Rúa ecuador 13
Rúa educación 13, 19
Rúa emilio gonzález lópez 11, 12
Rúa entrepenas . . 27, 28
Rúa eusebio da guarda 34
Rúa ferrol 22, 30
Rúa ferroviario 40, 41
Rúa filantropia 20, 21
Rúa forcarei 7, 8, 15
Rúa francisco catoira 33, 34
Rúa francisco rodriguez otero 14
Rúa gaiteira 35, 36
Rúa galileo galilei 39
Rúa general gutiérrez mellado 8
Rúa gonzález del villar 28, 29, 32
Rúa hogar calvo sotelo 14
Rúa honduras 13
Rúa hospital 15, 16
Rúa huertas 22
Rúa iberia 33
Rúa industrial 29, 30
Rúa isaac peral . . . 28, 32
Rúa josé echegaray . . 44
Rúa josé gonzález chas 35, 36
Rúa josé seoane rama 13
Rúa julio montero 44
Rúa julio portela cebal-los 17, 25
Rúa lagares 18, 19
Rúa luciano caño . 21, 29
Rúa manteleria 23
Rúa manuel azaña 11–13
Rúa manuel piñeiro pose 35, 36
Rúa marabillas . . . 28, 29
Rúa marcial del adalid 30
Rúa mariana pineda . 33, 34
Rúa mariñas 22, 23
Rúa marqués de am-boage 34, 35
Rúa maria wonenburger 32, 39

Rúa melide 35, 36
Rúa menéndez y pelayo 30
Rúa mestre bernardino gonzález 14
Rúa miramar castrillón 43
Rúa mister archer mil-ton huntington . . 13, 14, 19
Rúa monforte 34
Rúa monte alto 8, 15
Rúa monte das moas 37, 44
Rúa montes . . . 35, 36, 42
Rúa montiño 36
Rúa mosteiro de caaveiro 27
Rúa médico devesa núñez 39, 40
Rúa napoleón bona-parte 32, 33
Rúa nicaragua 29, 30
Rúa noia 33, 34
Rúa nova 23
Rúa novoa santos 35, 36
Rúa nuestra señora del perpetuo socorro 13
Rúa o barral 19
Rúa o cantón de visma 18
Rúa o muiño de visma 18
Rúa ortigueira 37, 44
Rúa orzán 15, 22, 23
Rúa oza dos ríos 43
Rúa pan de soraluce . 34
Rúa pardiñas 18, 19
Rúa parque . . 8, 9, 15, 16
Rúa pasteur 32
Rúa pastoriza 22, 23
Rúa pelamios 16
Rúa perú 13, 14, 19
Rúa petin 35
Rúa pintor urbano lugris 32, 39
Rúa pontedeume . 29, 33
Rúa posse 35, 36
Rúa pozo 30
Rúa pozo ranchos . . . 30
Rúa praza 15, 16
Rúa pórtico de san an-drés 23
Rúa rafael dieste 42
Rúa ramón menéndez pidal 34

Rúa real 23, 24
Rúa regidor somoza . 22
Rúa rei abdullah . . 21, 29
Rúa rianxo 35
Rúa riazor 21, 22
Rúa ria do burgo 41
Rúa río 18, 19
Rúa río eume 29
Rúa rio tambre 29
Rúa san andrés 23
Rúa san diego 35, 36
Rúa san fernando 8
Rúa san ignacio 16
Rúa san jaime 29, 33
Rúa san luis 33, 34
Rúa san pablo 16
Rúa san pedro de visma
    18, 19
Rúa santa cecilia 8
Rúa santiago 24
Rúa santiago rey fer-
    nández latorre . . 34,
    35
Rúa seavella 19
Rúa simón bolívar . 11, 12
Rúa sinfónica de galicia
    21, 22, 29, 30
Rúa sol 15, 23
Rúa sor joaquina 14
Rúa tabernas 24
Rúa tornos 28, 32
Rúa torrente ballester 13
Rúa tui 16
Rúa valle inclán . . 20, 21
Rúa venezuela 13, 14
Rúa virrey osorio . 20, 21
Rúa vista 22, 23
Rúa vista alegre 29
Rúa vizcaya 33, 34
Rúa xoàn xxiii 16
Rúa Álvaro cebreiro . . 23
Rúa Álvaro cunqueiro 41
Rúa Ángel del castillo 34
Rúa Ángel senra . . 33, 34

S

Sacerdote manuel es-
    piña 16,
    17
Sagrada familia . . 28, 29,
    32, 33
Salgado somoza 15
Salgado torres, túnel . 41
Salvador de madariaga
    41, 42
San agustin . . . 15, 16, 24

San amaro 9
San andrés 15, 22, 23
San antonio 8
San benito 17, 25
San blas 23
San carlos 25
San diego -praia de oza
    44, 45
San francisco 25
San isidoro 28, 32
San jorge 7, 8, 15
San josé 16
San josé de calasanz 40
San juan 16
San leandro 28, 29
San leopoldo 28
San lorenzo 16
San lucas 28
San mateo 29
San nicolás 15, 16, 23, 24
San pedro 9
San pedro de mezonzo
    28, 29, 34
San roberto 29
San roque 16
San rosendo 33
San sebastián 28, 29
San tirso 8
San vicente 33, 34
San vicente de paul . . 16
Santa catalina 22, 23
Santa lucia 30, 31
Santa luisa de marillac
    16
Santa maría 25
Santa teresa 7, 15
Santander 34
Santiago de la iglesia 21,
    29
Santo domingo 25
Santo tomás 7–9
Sargento veiga 43
Seavella 19
Severo ochoa 39
Sinagoga 25
Sinforiano lópez 30
Sirena 8, 9, 15, 16
Sofia casanova 33
Suevia 8
Sánchez bregua 22

T

Tahona 15, 23
Teixeira de pascoaes 27,
    28
Teresa herrera 22

Tinajas 25
Tomás fábregas 13
Torreiro 15, 23
Touro 8
Transversal antonio pe-
    dreira rios 27
Travesia almirante eu-
    late 20
Travesia antonio pe-
    dreira rios 19,
    27
Travesia atocha alta . . 16
Travesia atocha baja . 16
Travesia cardenal cis-
    neros 28,
    32
Travesia cordeleria . . 22,
    23
Travesia cormelana . . 22
Travesia da gaiteira . . 35,
    36
Travesia de colón 8
Travesia de cordoneria
    15
Travesia de la cerca . 36,
    43
Travesia de la marina 23
Travesia de laguna . . . 43
Travesia de montiño . 36
Travesia de nelle . 30, 33,
    34
Travesia de padilla . . . 25
Travesia de tabernas . 24
Travesia del orzán 15
Travesia del trabajo . . 15,
    16
Travesia estrecha de
    san andrés 15
Travesia fuente seoane
    16
Travesia herrerias . 16, 17,
    24, 25
Travesia huertas 22
Travesia la torre . . 15, 16
Travesia laracha 28
Travesia los rosales . . 12,
    13
Travesia mariñas . . 22, 23
Travesia modesta
    goicouria 22
Travesia monforte . . . 34
Travesia nuestra señora
    de fátima 32, 33
Travesia orillamar 16
Travesia puerta de aires
    17, 24, 25

Travesia pérez quevedo
8
Travesia república do-
minicana 27
Travesia rianxo 35
Travesia san andrés . . 22,
23
Travesia san josé 16
Travesia veramar 16
Travesía vista 23
Travesía zapateria 25
Travesia Ángela blanco
de soto 44
Traviesa del monte . . 30
Tren 15, 16
Trompeta 16, 24
Tui 16
Túnel da mariña . . 23, 24
Túnel de eiris 43
Túnel de enrique sal-
gado torres 34
Túnel de maria pita . . 16,
24
Túnel de os castros . . 37,
44
Túnel do parrote . . 24, 25
Túnel juana de vega . . 22
Túnel plaza de lugo . . 22
Túnel praza de pon-
tevedra 22

U

Ultramar 13
Urbanización costa mar
44, 45
Urbanización villa lucas
44
Uruguay 29, 30

V

Vaamonde lores 36
Valencia 8
Varela silvari 15, 16
Veeduría 24, 25
Veramar 16, 17
Vereda del cementerio
16
Vereda del polvorin 8, 15
Vicente aleixandre . . . 42
Vicente ferrer 41
Victoria fernández es-
paña 15
Vigia 7, 8
Vila de carral 7
Vila de cee 28
Vila de laxe 30
Vila de negreira . . 19, 20,
27, 28
Villa de cambre 8, 15
Villa de carral 7

Villa de cedeira 37
Villa de padrón . . . 37, 44
Voluntariado 23
Via Ártabra 8
Victor fernández 14
Victor lópez seoane . . 34

W

Washington 7
Wenceslao fernández
flórez 30

X

Xardins de méndez
núñez 23

Z

Zalaeta 15
Zapateria 24, 25

Ágora 27
Ángel 23, 24
Ángel rebollo 7, 8, 15
Ánimas 25
Órdenes 43

Points of Interest

A

A gaiteira 🏢 36
A sardiñeira 🏢 33
Agra do orzán 🏢 28
Ascensor panorámico
    🏛 12

C

C.s. gomes gaioso ℹ .16
Campo municipal de
    fútbol arsenio igle-
    sias pardo (antes
    grela ii) 🏃 32
Caracola 🏛 4
Casa museo emilia
    pardo bazán 🏛
    24
Castelo de santo antón
    🏛 25, 26
Castillo de eiris 🏛 43
Catro camiños 🏢 35
Centro cultural de riazor
    - udc 🏛 19, 20
Centro cívico munici-
    pal del grupo de
    pescadores . . . 27
Centro materno infantil
    nosa sra. de belén
    ✚ 21
Cidade escolar 🏢 . . . 19
Cidade vella 🏢 25
Cidade xardín 🏢 20

D

Durmideiras 🏢 9

E

Ensanche 🏢 22

Estación

Estación de a coruña-
    san cristovo 🚉 . 33,
    34
Estación de a coruña-
    san cristóbal 🚉 . 34,
    39, 40
Estación de autobuses
    🚌 34, 35
Estadio de riazor 🏃 . . 20

G

Grupo de vivendas nosa
    señora do carme 🏢
    13, 19
Guardia civil 🚓 40

H

Hospital a coruña (com-
    plexo hospitalario
    universitario da
    coruña) ✚ 44
Hospital marítimo de
    oza ✚ 45
Hospital modelo ✚ . . 20

J

Juan flórez 🏢 30

L

Labañou - san roque 🏢
    13
Los rosales 🏢 11

M

María pita 🏛 24
Monelos 🏢 42

Monte

Monte alto 🏢 8
Monumento a maria
    pita 🏛 24
Monumento aos heroes
    do orzán 🏛 22
Museo arqueológico e
    histórico - castillo
    de san antón 🏛 . 25
Museo de arte contem-
    poráneo gas natu-
    ral fenosa (mac) 🏛
    39
Museo dos reloxos 🏛 16

O

O castrillón 🏢 43
O ventorrillo 🏢 27
Os castros 🏢 37
Os mallos 🏢 33

P

Pabellón de riazor 🏃 20,
    21
Paseo de los puentes 🏢
    29
Peruleiro 🏢 19
Pescadería 🏢 23
Policía local 🚓 16
Policía 🚓 23

R

Restos arqueológicos
    do convento de
    santo domingo 🏛
    25
Riazor 🏢 21

S

Sagrada familia 🏢 32

Printed in Great Britain
by Amazon

24260287R00037